Crypto-monnaie

La Cryptomonnaie, Cette Nouvelle Révolution Digitale

Bryan Quest (Auteur)

Virginie Bourcelot Eymard (Traducteur)

information contenue dans ce livre. Le lecteur comprend qu'il lit et utilise les informations contenues à ses propres risques, et que l'auteur, l'éditeur, ou tout affilié ne saurait être tenu responsable de tout dommage. Aucune garantie de quelque sorte n'est exprimée ou sous-entendue. Les lecteurs reconnaissent que l'auteur ne donne aucun conseil juridique, financier, médical, ou professionnel. En lisant ce document, le lecteur accepte que ne pourront être tenus responsables sous aucune circonstance l'auteur, l'éditeur, ou toute personne affiliée à la production, la distribution, la vente, ou tout autre élément de ce livre de toutes pertes, directes ou indirectes, survenues en conséquence de l'utilisation d'informations contenues dans ce livre, comprenant, mais sans s'y limiter, les erreurs, omissions, ou inexactitudes. En raison du rythme de l'évolution des conditions, l'auteur et l'éditeur se réservent le droit de modifier et d'actualiser les informations contenues dans le présent document sur les nouvelles conditions à tout moment leur semblant opportun.

TABLE DES MATIERES

Introduction

« Les traders pensent que la cryptomonnaie dépassera la barre des 100 000 USD dans l'année à venir »

« La fluctuation ne cesse de monter : son cours a augmenté de 33 % »

« La simplification des fraudes : l'histoire du site Silk Road, avec Dread Pirate Robert, et les Bitcoins »

« Le cours du bitcoin a chuté de 20 % à la suite d'un piratage »

« Piratage du DAO : 60 millions d'ether volés »

En lisant la une des journaux et des sites web ci-dessus, je me pose la question suivante : « c'est quoi, au juste, la cryptomonnaie, et pourquoi est-elle si médiatisée ? »

Ces titres ont en effet attiré mon attention car ils sont tous associés à l'argent, à la criminalité et aux fraudes,et à des idées révolutionnaires qui vont rendre les technologies existantes obsolètes.

Quand j'en parle avec d'autres personnes, elles sont également dans l'ignorance totale en ce qui concerne ces nouvelles expressions à la mode qui surgissent de plus en plus souventdans les médias : des mots comme « blockchain », « cryptomonnaie », « bitcoin », « ethereum », « ICO », etc.

Ensemble, nous examinerons les différentes cryptomonnaies, comment et quand elles ont été créées, et les opportunités qu'elles offrent.

Nous étudierons également leurs caractéristiques et leurs utilités tout comme leurs emplois. Nous verrons aussi quelles applications ellesproposent, ainsi que la technologie des blockchains.

La cryptographie est la base mathématique qui se cache derrière la cryptomonnaie. Elle permet de stocker et de transférer des données pour que les utilisateurs concernés puissent les lire et y accéder. C'est un sujet très technique, basé sur l'informatique et les mathématiques.

Aussi, dans cet ouvrage, nous allons simplifier le plus possible les détails au sujet des cryptodevises pour que vous puissiez en avoir une bonne compréhensionsans forcémenten avoir de connaissance antérieure significative.

Alors, préparez-vous dèsmaintenant à entrer dans l'univers de l'argent, de la technologie et des modes de financement du futur.

Avant de vous expliquer où et comment la cryptomonnaie est apparue, il est important de vous expliquer brièvement ce dont il s'agit.

Une cryptomonnaie est uneressource numérique ayant un rôle de moyen d'échange entre deux parties.

La cryptographie est employée dans les opérations de cryptodevises afin d'en sécuriser et d'en crypter les transactions, de limiter d'éventuelles unités monétaires supplémentaires et de valider le transfert d'actifs monétaires numériques.

En d'autres termes, c'est de l'argent numérique. Mais cet argent numérique est différent de celui que vous pouvez voir sur votre compte bancaire lorsque vous le consultez sur internet. La cryptomonnaie existe uniquement de manière numérique et ne peut ni être transférée, ni extraite de manière physique – contrairement aux pièces de monnaie et aux billets de banque.

La plupart des adeptes de la cryptomonnaie pensent que celle-ci existe depuis 2009, avec la création du bitcoin. Pourtant, elle est arrivée bien avant.

La monnaie numérique est proposée par les entreprises à leurs clients depuis des dizaines d'années, c'est-à-dire dès les années 80. On pouvait utiliser cet argent numérique (qui était remboursable, de surcroit !) pour effectuer des achats. On pouvait aussi la transférerà d'autres personnes, ou bien la mettre de côté pour l'utiliser plus tard.Il s'agissait principalement d'un jeton servant d'instrument financier comme le dollar USou l'euro. Les monnaies virtuelles comme celle-ci sont toujours utilisées de nos jours.

C'est le cryptographe américain David Chaum qui a conçu l'idée d'une monnaie numérique basée sur internet en 1983, avec l'eCash. Dans un rapport de recherche intitulé "Blind signatures for untraceablepayments", il présente le concept de l'argent numérique, mais aussi des signatures aveuglesgarantissant la sécurité des transactions en argent numérique.

En 1990, il parvint à recueillir plus de 10 millions de dollarsUSD pour créer l'entreprise DigiCash et pour lancer l'eCash[1]. Il en obtint quelques bénéfices en incitant quelques banques à utiliser l'eCash, mais comme ce procédé n'était pas suffisamment employé, il fit faillite en 1998.

Dans les années qui suivirent, avec l'essor d'internet, de multiples startups ont exploré le concept de la monnaie numérique. Seulement peu d'entre elles ont eu un impact significatif.

---

[1] Monnaie électronique

Au cours de cette période, c'est Paypal qui a le plus réussi dans le domaine du paiement virtuel. Et pourtant, cette entreprise n'a jamais utilisé d'argent numérique à proprement parler. PayPal était tout simplement relié aux comptes bancaires et aux cartes de crédit et avait pour rôle de servir de moyen d'échange pour lesdevises lesplus courantes.

Puis ce fut la crise économique de 2008. Et dans la foulée, l'émergence du bitcoin, première crypto-monnaie internationale.

Le bitcoin a été lancé en 2009 par Satoshi Nakamoto qui publia la même année un *white paper intitulé*''Bitcoin: A Peer-to-Peer Electronic Cash System'' (« Le bitcoin : un système de monnaie électronique en peer-to-peer », en français) dans lequel in explique le concept, la technologie et le code source de la mise en place de la blockchain, un système technologique de registre distribué. Parallèlement à tout ça, il présente le bitcoin au monde entier.

L'invention de la blockchain est largement reconnue comme étant révolutionnaire et défiera toutes les formes d'autorité centralisée avec son protocole en peer-to-peeret en open source permanent, qui enregistre des données sans aucune autorité centrale.

Le bitcoin et toutes les cryptodevises se basent sur cette blockchain. Leur montant, leur valeur et leur utilisation, tout comme leur renommée, n'ont cessé d'augmenter depuis 2009.

Il est difficile de progresser davantage sans parler de la technologie qui soutient les cryptodevises. Cette technologie est connue sous le nom de blockchain.

Cette dernière est semblable à internet, et vous n'avez pas besoin de savoir précisément comment elle fonctionne pour en tirer profit. Cependant, en connaître les fondements vous permettra de savoir pourquoi elle est considérée comme étant révolutionnaire.

Une blockchain est un registre distribué de fichiers tout à fait fiable grâce à la cryptographie.

La blockchain a été développée en 2008 par Satoshi Nakamoto lorsqu'il inventa la première cryptomonnaie, le bitcoin.

Dans cette technologie, un bloc est l'enregistrement d'une transaction, qui s'effectue sous forme d'enregistrement de données ou d'enregistrement de paiements, par exemple. Une fois que ce bloc est terminé, il vient s'ajouter à la « chaîne », ce qui créé une chaîne de blocs, ou blockchain.

Chaque bloc d'une blockchain contient l'empreinte numérique, l'horodatage et les données de la transaction du bloc qui le précède. Ces blocs peuvent prendre du temps à se générer sur le système d'une blockchain. Certaines cryptodevises engendrent des nouveaux blocs toutes les 5 secondes ; d'autres peuvent prendre plus de temps. Par exemple, les blocs de bitcoins sont générés en moyenne toutes les 10 secondes. Pendant ce temps, les transactions sont traitées et vérifiées par des « mineurs » et sont ensuite ajoutées à la blockchain.

Conçue à l'origine pour faire face au problème du double paiement associé aux tentatives de création d'une monnaie numérique, la blockchain propose maintenant une large gamme d'utilisations. Les experts développent constamment de nouvelles idées basées sur cette technologie. Pour ceux qui ne le savent pas, le problème du double paiement existe lorsqu'une sorte de devise est copiée et réutilisée ailleurs. La blockchain remédie à ce problème grâce à la génération de confirmation des transactions –faite par des « mineurs » ; nous aborderons ce sujet dans le cinquième chapitre.

Traiter des transactions de cryptomonnaie revient à résoudre des problèmes mathématiques compliqués, ce qui est dû au cryptage. Ces problèmes mathématiques deviennent de plus en plus difficiles au fur et à mesure que la blockchain s'accroît. Les personnes qui résolvent ces équations sont rémunérées avec de la cryptomonnaie.Ce procédé est connu comme étant le « minage ».

Lorsque vous avez votre propre cryptomonnaie, vous avez une clé (c'est-à-dire un long mot de passe) vous permettant d'ouvrir votre blockchain. Grâce à cette clé, vous pouvez retirer de l'argent et le dépenser, mais si vous perdez votre clé, vous ne pourrez pas le récupérer. Chaque compte a également une clé publique, qui permet aux autres de vous envoyer de la cryptomonnaie.

Des informations sur la blockchain sont aussi disponibles au public ; elles restent cependant anonymes. Tout est décentralisé, ce qui veut dire que tout ne repose pas sur un seul ordinateur, ni sur un seul server, pour fonctionner. Donc, chaque transaction est visible pour tout le monde, et ce, de manière instantanée. Et cela nous mène à notre première métaphore : le registre public.

Il peut être intéressant de comparer une blockchain avec Google Docs. Avant Google Docs, si vous vouliez travailler sur un document écrit avec quelqu'un d'autre, vous deviez ouvrir un document Word, l'envoyer à cette autre personne et lui demander de l'éditer. Puis, vous deviez attendre que les changements soient faits, enregistrés et que le tout vous soit envoyé par e-mail. Google Docs a changé cette manière de procéder, permettant à d'autres personnes de travailler sur un document en même temps que vous.

Comme indiqué dans le premier chapitre, une cryptomonnaie est une ressource numérique ayant un rôle de moyen d'échange.

La blockchain et les cryptodevises sont basées sur la cryptographie, qui combine les mathématiques et l'informatique.

Alors que la blockchain et les cryptodevises sont un nouveau concept, ce n'est pas le cas pour la cryptographie. Elle existe depuis des centaines d'années et est souvent définie comme étant l'étude des codes.

Les cryptomonnaies comme le bitcoin et l'ethereum utilisent la cryptographie pour que les transactions de leurs blockchains soient sécurisées contre le piratage, risque dominant dans l'univers virtuel.

La cryptographie nécessite la création de codes permettant le chiffrage de données et d'informations. Tout cela peut se faire grâce à la conversion des données dans un format qui ne peut être interprété par personne d'autre que le destinataire ou l'utilisateur. Sans elle, il serait impossible de crypter des données ou d'assurer des communications fiables sur internet.

La cryptographie est un sujet extrêmement technique allant au-delà de la portée de cet ouvrage, mais une introduction comme celle qui est développée ci-dessus vous permet de comprendre les détails cachés derrière les blockchains et les cryptodevises.

L'utilisation de la cryptographie permet de déjouer la plupart des éléments clé des blockchains.

Premièrement, tout est centralisé. Pensez à la plupart des systèmes d'opérations dans les banques, les gouvernements et les organisations : ils ont chacun un serveur central ou des serveurs dans lesquels leurs données sont stockées. Et le fait d'avoir des informations stockées dans un seul endroit peut présenter certains avantages, mais il présente aussi des risques incluant la perte ou la manipulation des données à la suite d'un accident ou d'un piratage. En distribuant les informations dans un réseau d'ordinateurs, plus connus sous le nom de nœuds, beaucoup de ces risques sont écartés, car dans ce cas, il n'y a plus de point central de vulnérabilité parce que chaque nœud possède une copie de la blockchain, ce qui la rend donc inattaquable.

La blockchain et les cryptomonnaies sont aussi transparentes et ouvertes, qu'elles soient publiques ou privées. Beaucoup de blockchains sont publiques, comme celle du bitcoin, et leurs enregistrements peuvent être vus directement en ligne.

Cependant, avec les méthodes de cryptage utilisées, seulement ceux qui ont des détails sur le portefeuille(avec une clé publique ou une clé privée) auront accès aux transactions affichées publiquement.

Il y a aussi des blockchains publiques pour lesquelles une permission est requise.

Les cryptomonnaies sont disponibles de manière universelle. N'importe qui peut en acheter ou en vendre rien qu'en ayant un smartphone. Actuellement, si 2,2 milliards de personnes dans le monde ont des smartphones avec accès aux échanges de cryptomonnaie, la plupart d'entre elles ne peuvent pas accéder aux échanges plus classiques.

Les frais de transfert de cryptomonnaie sont bien moins élevés que ceux des systèmes de paiement traditionnels, ce qui s'explique par le fait que les mineurs qui traitent les transactions soient rémunérés par le réseau et que, de ce fait, ils n'obtiennent pas de commission significative, ce qui n'est pas toujours le cas pour la plupart de nos échanges.

Il s'agit là des caractéristiques principales des blockchains utilisées avec l'argent numérique. Certes, il y en existe d'autres, mais celles-ci déterminent principalementl'utilisation de la cryptomonnaie, dont l'emploi est en hausse constantetede partout dans le monde.

Comme pour les systèmes de monnaie classique, l'argent numérique fonctionne avec des contrôles et des soldes, des vérifications et des validations. Avec le système des devises traditionnel, ce sont les banques et les gouvernements qui s'occupent de tout ça. Et dans le domaine de la cryptomonnaie où tout est décentralisé, qui est en charge de ces activités cruciales ?

C'est le rôle des mineurs.

Non, pas ceux qui creusent pour trouver de l'or ou d'autres métaux, mais bel et bien des mineurs de cryptomonnaie.

Leur travail est en quelque sorte similaire à celui des mineurs, dans la mesure où ils effectuent certaines tâches permettant d'extraire une ressource limitée. Cependant, les mineurs de cryptomonnaie ne portent pas de bleus de travail et ne fouillent pas dans le sol avec une pelle et d'autres équipements.

Le minage de cryptomonnaie est un processus dans lequel les transactions sont vérifiées, puis ajoutées à une blockchain de la même cryptodevise. Il faut simplement avoir un accès à Internet et du matériel informatique adéquat pour pouvoir effectuer du minage.

En d'autres termes, le minage est la résolution de problèmes mathématiques complexes dans le but de valider une transaction composant une blockchain. Un bloc est ajouté à la blockchain une fois seulement que le mineur a vérifié la transaction. Les mineurs sont rémunérés avec la cryptomonnaie du problème qu'ils viennent de résoudre, puis une fois que le bloc vient s'ajouter à la blockchain. Puisque seulement les minages concluants sont rémunérés, cette activité est devenue extrêmement compétitive.

Par exemple, avec le bitcoin, chaque fois qu'un bloc est généré, le mineur performant est rémunéré en ce que l'on appelle une récompense de bloc. Ce mode de motivation est partagé en deux tous les 4 ans. En 2009, tout a commencé à 50 bitcoins attribués par bloc. En 2018, la récompense de bloc s'élève à 12.5 bitcoins et continuera à diminuer jusqu'à ce que le montant total de bitcoins en circulation atteigne 21 millions de pièces de monnaie en circulation. D'après les estimations actuelles, on s'attend à ce que cela arrive en 2140.

Au moment où l'argent numérique est apparu, les mineurs de cryptomonnaie étaient particulièrement enthousiastes, car ils voyaient de l'intérêt dans les projets de blockchain, et cela a aussi donné de l'importance aux ordinateurs, seuls outils permettant d'effectuer le minage.

Comme les cryptodevises sont de plus en plus répandues et que leurs valeurs ont sensiblement augmenté, beaucoup considèrent le minage comme un business. Très rapidement, les entreprises ayant des liquidités et les investisseurs ont misé d'importants montants dans des entrepôts d'équipement informatique, mais aussi dans tout autre matériel lié au minage, y trouvant un profit non négligeable avec des cryptodevises toujours à la hausse. Comme le prix de l'électricité est lié au fait de faire tourner les « entrepôts d'exploitation minière » et qu'il est nécessaire d'avoir des ordinateurs toujours plus puissants pour mener à bien cette activité, la plupart des endroits qui y sont dédiés sont mis en place là où les coûts d'électricité sont bas. Par exemple, la ville de Keflavik, en Islande, qui est dotée d'énergie géothermale à bas prix, est devenue une plaque tournante de « mines de bitcoin » et de mines de toutes sortes de monnaies virtuelles.

Même si le minage est une des activités essentielles dans la technologie des blockchains, il est devenu de plus en plus difficile pour les gens d'y prendre part à cause de la sophistication des méthodes de minage utilisées par les entreprises qui ont intégré l'exploitation minière ces dernières années.

En toute honnêteté, lorsque j'ai su que la crypto-monnaie existait, j'ai tout de suite voulu en avoir. Pas seulement parce que sa valeur montait en flèche, comme ce fut le cas en 2016. Mais parce que j'étais convaincu que c'était notre futur. Je voyais déjà des banques virtuelles évoluer sur les smartphones avec l'appui d'Apple Pay ou d'Android Pay, et je croyais (et je crois toujours, d'ailleurs) que les cryptomonnaies seraient la prochaine étape à la numérisation de l'argent.

Cependant, je n'avais pas la moindre idée de comment en obtenir. Une recherche rapide sur Google m'a rendu effaré en voyant combien de sites web vendaient de l'argent numérique.

Ces sites web qui vendent de la cryptomonnaie sont connus comme étant des lieux d'échanges sur lesquels vous pouvez y échanger de la monnaie classique contre de la cryptomonnaie à un prix tout à fait abordable.

Voici quelques éléments à prendre en compte lorsque vous voulez choisir un lieu d'échange virtuel pour acheter de l'argent numérique :

1. *Sa réputation et la fiabilité*
   On peut facilement trouver des informations sur la réputation du site web en effectuant une recherche sur internet, sur des forums, par exemple. Ainsi, vous saurez si ce

dernier a déjà été piraté ou si sa fiabilité est de piètre qualité.

2. *Ses tarifs*

   Ces derniers peuvent passer du simple au double entre les différentes plateformes d'échange. Tout comme les frais bancaires, si vous n'y êtes pas attentifs, ils peuvent vous coûter cher. Avant de signer avec une plateforme, il est important de se renseigner sur comment effectuer un dépôt, un virement, et sur les frais de transaction qui existent. En général, la plupart des sites d'échange affichent toutes ces informations.

3. *Les devises disponibles*

   Certains sites ne proposent que les crypto-devises les plus échangées. Il est cependant bon de savoir lesquelles sont cotées avant d'ouvrir un compte ou de déposer de l'argent.

4. *Ses liquidités*

   Il s'agit là de voir s'il est facile ou non d'acheter ou de vendre une monnaie en particulier. Plus les moyens de liquidité sont élevés, plus les acheteurs et les vendeurs sont attirés et plus il sera facile d'acheter et de vendre.

5. *Support clientèle*
   Un support clientèle réactif et efficace est primordial pour un site d'échange. Ce détail doit être un élément clé pour faire votre choix entre les différentes plateformes.

6. *Restrictions géographiques*
   Certaines utilisations spécifiques proposées par les sites d'échange ne sont accessibles que dans certains pays.

7. *Tarifs des sites d'échange*
   Différents sites ont des tarifs différents qui peuvent varier de manière significative.

Les principales plateformes d'échange sont Coinsquare, Coinbase et Krachen. Il en existe d'autres. C'est à vous de faire votre recherche et de décider laquelle estmieux pour vous.

Une autre manière d'acheter de la cryptomonnaie est d'échanger en-dehors d'un site d'échange en utilisant des clés publiques. Ainsi, vous pourrez acheter des bitcoins (ou une autre devise numérique) directement à quelqu'un d'autre et ce, au moindre coût. Mais cela implique d'avoir un portefeuille.

Les portefeuilles sont une manière fondamentale d'avoir de la cryptomonnaie. Il ne s'agit pas de portefeuilles en cuir, mais de portefeuilles numériques. Et de la même manière que les portefeuilles « concrets », les portefeuilles numériques sont utilisés pour stocker de l'argent.

Un portefeuille numérique (ou portefeuille électronique) est un logiciel qui conserve les clés privées et publiques des utilisateurs pour leur permettre d'envoyer et de recevoir de l'argent virtuel et de contrôler leur compte, ce qui va à l'encontre des portefeuilles traditionnels, dans lesquels on ne peut que conserver de l'argent. Avec un portefeuille numérique, les devises ne sont pas gardées uniquement à un seul endroit. Tout ce qui existe sont des enregistrements conservés dans une blockchain.

Lorsque quelqu'un envoie de la cryptomonnaie, il transfère le fait de posséder de la monnaie numérique sur un autre portefeuille. Pour pouvoir dépenser cette cryptomonnaie et pour la débloquer, la clé privée qui est dans votre portefeuille doit pouvoir coïncider avec l'adresse publique dont la devise dépend. Chaque portefeuille possède une clé privée et une clé publique. La clé publique est l'adresse par laquelle les gens vous envoient de l'argent. La clé privée est le mot de passe que vous utilisez pour accéder et envoyer de l'argent aux autres. Chaque transaction est enregistrée sur une blockchain, tout comme une variation du solde, tant du côté de l'émetteur que du côté du destinataire de l'échange.

Il existe différentes sortes de portefeuilles numériques qui permettent de stocker et d'accéder à la cryptomonnaie.

1. *Le desktop wallet*

   Dans ce cas, le portefeuille numérique prend la forme d'un logiciel que l'on installe sur son ordinateur, d'où son appellation : "desktop wallet" signifie, mot à mot, « portefeuille d'ordinateur ». Quel que soit le niveau de sécurisation de ce type de wallet, il est toutefois nécessaire de s'assurer que l'ordinateur ne soit pas vulnérable face aux virus, aux malwares et à d'autres infections numériques. Aussi, ce type de portefeuille garantit un niveau de sécurité optimal, mais peut cependant être piraté, et si un hacker subtilise les fonds, il n'a y aucun moyen de les récupérer.

2. *Le wallet online*

   Il s'agit d'un portefeuille numérique stocké installé à distance.De ce fait, s'il est facile d'accès quel que soit le lieu où l'on se trouve, le wallet online (ou cloud wallet) peut s'avérer extrêmement risqué car l'utilisateur en délègue la sécurisation et la sauvegarde à un tiers.

3. *Le hot wallet*

   Il fonctionne sur un smartphone et, de ce fait, est très pratique pour vos transactions de tous les jours (dans certains magasins qui acceptent la cryptomonnaie, notamment). En revanche, son espace de stockage assez restreint peut être un inconvénient.

4. *Le hardware wallet*

   Sa particularité tient en ce qu'il s'agit d'un wallet physique, qui se présente par exemple sous forme d'une clé USB sécurisée, ou d'un mini-ordinateur. De ce fait, la sécurité de la clé privée de son propriétaire est très sécurisée, le hardware wallet en conservant les données de manière tout à fait fiable. Ce dernier est compatible avec tout type d'interface et permet d'effectuer facilement des transactions.

5. *Le paperwallet*

   Le paperwallet, de méthode assez traditionnelle, vous invite tout simplementàcoucher sur une simple feuille de papier les informations nécessaires à la finalisation d'une transaction.

La question se pose maintenant de savoir si les portefeuilles numériques sont fiables. La réponse dépend du type de portefeuille numérique pour lequel vous avez opté. Dans tous les cas, vous devrez prendre vos précautions, comme sauvegarder vos données, vous assurer de ne garder que le minimum d'argent sur votre compte en mettant le reste de côté, de mettre régulièrement à jour votre portefeuille, tout comme le logiciel que vous avez choisi d'utiliser, mais aussi, d'utiliser un portefeuille ayant bonne notoriété.

En voici des exemples : Mycelium (online wallet), Exodus (desktop wallet), Ledger Nano (hardware wallet) et Green Address (quel que soit le type de wallet).

Par conséquent, beaucoup d'éléments sont à prendre en compte avant de choisir une plateforme d'échange sur laquelle acheter le la cryptomonnaie ou un portefeuille numérique pour conserver de la cryptomonnaie. Ce sera à vous de choisir en fonction de vos préférences.

La plupart des gens considèrent les achats de bitcoins comme un investissement, avec l'espoir d'en obtenir des millions au bout d'un moment. Aussi, certains pensent qu'investir à long terme dans la cryptomonnaie est une bonne stratégie, dans la mesure où le prix des cryptomonnaies investies ne fasse qu'augmenter dans le temps.Et d'autres pensent qu'avec un taux changeant constamment, la cryptomonnaie est une excellente opportunité de faire des profits en l'échangeant.

Dans le but de voir le bitcoin – ou n'importe quelle autre cryptodevise – comme un investissement, nous devons tout d'abord pleinement comprendre ce que c'est. De toutes les définitions que j'ai pu trouver, en voici la meilleure:

Un investissement est une dépense immédiate destinée à augmenter à long terme la richesse de celui qui l'engage.[2]

Afin d'analyser la cryptomonnaie à partir de cette définition, nous devons considérer deux éléments.

Le premier est en lien avec la génération du futur revenu, qui ne sera jamais obtenu en ayant simplement de l'argent numérique. Il n'y a pas non plus de dividendes comme dans un business plus

---

[2] Source : https://www.l-expert-comptable.com/a/529709-qu-est-ce-qu-un-investissement.html

traditionnel, ni d'actions ou de fonds d'investissement, tout comme il n'y a pas d'intérêts générés par les fonds de l'argent numérique - comme il y en aurait avec des obligations ou des revenus engendrés par des capitaux fonciers.

Dans la mesure où une cryptodevise parvient à se vendre à un plus haut prix dans le futur et où elle génère des bénéfices économiques à son détenteur, il ne s'agit là que de spéculation.Par conséquent, la cryptomonnaie fonctionne un peu comme avec des actions ou un investissement immobilier : on n'est jamais sûr de revendre un jour son placement plus cher que son prix d'achat et ce, malgré la rareté de ce business. C'est la règle du jeu de tout investissement. Mais, si on se base sur des preuves historiques et surde solides analyses financières, les actions, les obligations, l'immobilier et l'or peuvent être des investissements de valeur sûre. Avec la cryptomonnaie, nous avons moins de dix ans de recul pour interpréter son évolution, et à ce jour, il n'y a pas de valeur intrinsèque pour avoir une visibilité à long terme dans ce domaine.

De plus, aujourd'hui, il est très difficile de classer la cryptomonnaie dans un autre domaine que celui des actifs financiers. Celle-ci présente bien d'autres avantages qui sont utilisés maintenant et qui serviront aussi dans le futur. Mais en tant que proposition solide d'investissement, il est tout simplement trop tôt pour dire si nous pouvons compter sur la cryptomonnaie pour qu'il s'agisse d'autre chose que d'un jeu passionnant.

Echanger de la cryptomonnaie, c'est un peu pareil qu'avcc les actions, les obligations, les matières premières et le marché des devises (forex). La plupart des entreprises commerciales qui échangent dans ces domaines ont également goûté aux échanges de cryptomonnaie.

De ce fait, tout cela a généré une forte activité, mais aussi des liquidités sur le marché de la cryptomonnaie. Aussi, tout cela aengendré l'occasion de négocier dans cette nouvelle classe d'actifs pour faire du profit comme dans n'importe quel autre domaine d'échange.

Plusieurs éléments peuvent affecter le prix des cryptodevises et donner de belles opportunités pour les échanger. En voici quelques-unes :

1. *Apparaître sur une liste d'échange*
   Il existe tellement de sites d'échange qu'il est difficile pour les concepteurs de décider sur lequel lister leur devise. Certains sont plus utilisés et plus fluides que d'autres. Un bon exemple est lorsque leLitecoin est tout d'abord apparu sur Coinbase, un des sites d'échange les plus utilisés en termes d'échanges de cryptomonnaie. Plus les

gens venaient acheter, plus les prix se sont mis à flamber.

2. *La mise à jour des logiciels*
   Avec les technologies, il est nécessaire de procéder régulièrement à des mises à jour pour améliorer leurs performances, comme pour ajouter, par exemple, de la vitesse aux transactions, ce qui mène à une hausse des prix - alors que les mises à jour qui ne sont pas évaluées par le marché mènent parfois à un effondrement des prix.

3. *L'engouement du public*
   Les informations, qu'elles soient réelles ou qu'il s'agisse de fake news, peuvent affecter les marchés de la cryptomonnaie – comme sur n'importe quel autre marché, d'ailleurs.

4. *La législation*
   Les organismes gouvernementaux et la SEC (Securities Exchange Commission : autorité de contrôle des marchés financiers américains) peuvent bannir les monnaies numériques et les ICOs. D'éventuels changements de lois sont susceptibles d'affecter les marchés.

Alors que ceux-ci peuvent aussi donner de nouvelles opportunités d'échanges, on doit également connaître les risques liés à l'échange de cryptodevises.

Tout d'abord, que l'on échange dans le domaine de la cryptomonnaie ou dans celui des entreprises et des nouvelles technologies, on peut être confronté à des failles liées au système dans lequel on évolue pour effectuer nos échanges. Par exemple, l'échec de la DAO[3] et celui de Paycoin ont beaucoup fait parler. Aussi, les échanges de cryptodevises obligent les échangeurs à être calés en informatique, car c'est un pointessentiel pour utiliser les outils comme les portefeuilles et pour être capable de comprendre les nouvelles technologies en lien avec la cryptomonnaie.

Il existe également un risque technologique important. Il ne faut surtout pas oublier qu'une blockchain et que les cryptomonnaies sont des concepts rela-

---

[3] DecentralizedAutonomousOrganization : organisation décentralisée dont les règles de gouvernance sont automatisées et inscrites de façon immuable et transparente dans une blockchain.

tivement nouveaux par rapport aux autres modes d'actifs échangés. Et au bout du compte, on ne sait pas comment la technologie réagira dans le cadre d'échanges massifs ou d'événements imprévus.

Même si les cryptodevises sont de nos jours d'excellentes opportunités spéculatives, elles présentent toutefois des risques. Et à la fin d'une journée, tout comme dans un échange den'importe quel autre domaine, on devrait pouvoir être capable de suivre ce bon vieil adage : « acheter la rumeur et vendre la nouvelle ».

En janvier 2018, il y avait 1 300 cryptodevises disponibles à l'achat. Ce chiffre continue d'augmenter tous les mois. Mais alors, d'où viennent-elles ?

C'est aux prémices de la cryptomonnaie, c'est-à-dire de 2009 à 2013, que les concepteurs et les développeurs des cryptodevises ont mis un montant précis d'argent numérique à vendre sur une plateforme d'échange dans le but de générer des fonds. Puis, chaque fois qu'une nouvelle cryptodevise était listée sur le site et que son prix était fixé, le partage de l'argent numérique du concepteur a commencé àprendre de la valeur. C'est ainsi que tout a pu être vendu sur le site du bitcoin ou d'une autre devise, pour ensuite générer des liquidités pour les concepteurs et leur permettre de développer d'autres services liés à leur cryptodevise, comme par exemple des portefeuilles, jusqu'à ce que la cryptodevise soit devenue autonome et qu'elle produise des revenus réguliers.

Tout cela a changé avec l'arrivée des smart contracts et d'ethereum.

Rajoutons les ICOs, qui se basent sur les smart contracts, et qui comptent sur la plupart des entreprises pour collecter des fonds dans le domaine d'une blockchain.

Une ICO, c'est lorsque les concepteurs d'une monnaie numérique proposent à des investisseurs l'opportunité d'acheter leur nouvelle cryptodevise en échange d'argent traditionnel ou d'autres cryptodevises comme le bitcoin.

Nous avons déjà expliqué ce que sont les crypto-monnaies. Cependant, nous n'avons pas encore parlé des tokens (ou « jeton », en français). Alors que les cryptodevises possèdent une blockchain bien à elles, les tokens reposent sur une blockchain existante et représentent une valeur bien spécifique, comme par exemple une action d'une entreprise qui se réfère à des « crypto-actifs » ou à de « l'équité crypto ».

La plupart des ICOsne proposent maintenant que des tokens et sont utilisées pour collecter de l'argent afin de développer de nouvelles cryptodevises et de financer de nouveaux projets, basés la plupart du temps sur la blockchain. En cas de demande, les tokens peuvent être revendus sur un site d'échange.

Dans le domaine de la cryptomonnaie, une ICO est similaire à une IPO (l'abréviation d'Initial Public Offering, ou introduction en bourse en français, permettant la cotation des actions d'une société sur un marché boursier). Elle offre aux investisseurs l'opportunité d'avoir une part dans une entreprise de manière plus simple et moins réglementée. Tout comme une IPO, si l'argent généré par une ICO n'atteint pas le montant minimum imposé par l'entreprise (qui est spécifié dans les documents initiaux) cette dernière est considérée comme étant avortée et l'argent est rendu aux investisseurs.

Ces deux dernières années, les ICOs sont devenues un moyen populaire pour les start-ups de collecter des fonds. En 2017, plus de trois fois plus d'investissements ont été faits par des start-ups créatrices de blockchains grâce à des ICOs que par des investisseurs en capitaux de risque. Il s'agit donc d'une nouvelle forme de crowdfunding, et la raison principale d'une telle hausse s'explique par le fait qu'elles soient plus faciles à effectuer et moins onéreuses que de procéder par des investissements en capital-risque ou par des IPOs.

Lorsqu'une entreprise en capital-risque investit dans une start-up, elle demande habituellement une importante collaboration ; cela implique de participer au Conseil d'Administration et de prendre le temps d'agir avec toute l'attention de tout bon fondateur d'une entreprise. Avec une ICO, l'entreprise s'occupe uniquement de proposertoute l'équité qu'elle souhaite, sans imposer de participation au Conseil, et elle n'est pas soumise aux audits.

Les IPOs sont réputées par leur complexité, leurs strictes réglementations et leur paperasse qui n'en finit plus lors de la création d'une entreprise, ce qui prend énormément de temps à ses fondateurs. Bien souvent, dans le cadre d'une ICO, une entreprise créée son site web et prépare son business plan. Aussi, la réglementation d'une ICO est beaucoup plus légère.

Les investisseurs du monde entier peuvent investir dans les ICOs, ce qui leur permet de toujours plus sécuriser leur investissement, ce qui n'est pas le cas avec les autres sortes d'investissements comme le capital-risque, réservé à d'importants montants d'argent, ou comme les IPOs, qui peuvent s'avérer plus restrictives pour certains investisseurs, mais aussi pour les entreprises.

Pour les investisseurs, l'un des principaux bénéfices d'une ICO est le fait qu'ils puissent percevoir directement leur argent lorsque le marché des tokensa suffisamment deliquidités.

Au départ, la plupart des ICOs passent par la blockchain de l'ethereum, ce qui s'explique par sa simplicité d'utilisation si on la compare aux autres blockchains. Quelques ICOs rentables, comme celles d'Augur, de Golem et de Chrono Bank se sont effectuées via cette blockchain.

L'envolée récente des ICOs nous montre bien qu'il s'agit là d'un nouveau phénomène de lancement d'une collecte de fonds. Il reste à voir à quel niveau la législation les affectera dans les années à venir.

Au cours de ces trois dernières années, la croissance des blockchains et des cryptodevises a été phénoménale. Si un grand nombre de facteurs de développement peuvent expliquer cette évolution, il y a également eu quelques obstacles à cet essor.

Les smart contracts et l'ethereum

Le concept des smart contracts est venu de Nick Szabo en 1993. Son idée de départ était de convertir les contrats en code informatique, de pouvoir les stocker sur un système de blockchain et de les maintenirdans cette dernière grâce à des nœuds, les contrats pouvants'auto-exécuter principalement au moment où un événement déclencheur se produirait.

Alors que les smart contracts peuvent être utilisés sur beaucoup de blockchains, Ethereum est le plus avancé et le plus employé, parce qu'il permet aux développeurs de programmer leur propre smart contract de manière très simple. Ethereum est apparu en 2015, et depuis, l'usage des smart contracts n'a cessé d'augmenter.

Les smartcontracts évitent d'avoir recours à un tiers dans l'exécution d'un contrat et peuvent être utilisés pour transférer de l'argent, des propriétés ou n'importe quelle autre chose ayant de lavaleur.

Elaborer un smart contract présente de nombreux avantages que n'ont pas les contrats plus classiques, comme : des coûts moins élevés, une meilleure confiance sans engagement humain, une sécurité plus fiable parce que le contrat repose sur une blockchain, et une rapidité d'exécution liée au fait qu'il ait beaucoup moins de paperasse à traiter.

Forks

Il arrive qu'une blockchain se divise en plusieurs branches ou qu'elle prenne deux voies différentes. C'est ce que l'on appelle un fork (« fourche » ou « embranchement » en français). À ce jour, il y en a déjà eu des multitudes. Le fork de la blockchain du bitcoin de 2017 résulte de la création de Bitcoin Cash, et celui de l'ethereum de 2016 de celle d'EthereumClassic.

Les Forks des blockchains de la cryptomonnaie sont utiles pour ajouter de nouvelles composantes à une blockchain, ou bien pour annuler les conséquences d'un piratage ou d'un bug, comme ce fut le cas pour les deux événements mentionnés ci-dessus.
Il y a deux types de forks, les hard forks (fourche dure, ou encore fourche majeure) et les soft forks (modification des règles qui est rétro-compatible).

Un hard fork est un changement radical du logiciel qui change les règles de la blockchain, comme, par exemple, changer la taille d'un bloc. Cela fonctionne bien lorsque les nœuds et les mineurs passent sans problème sur ce nouveau logiciel. Mais il arrive que les mineurs ne soient pas d'accord. Dans ce cas, comme il n'y a, la plupart du temps, que deux blockchains à partir du point du fork, chacun d'entre eux a la même transaction dans son historique. Ainsi, les détenteurs de l'ancienne cryptomonnaie conservent ce qu'ils ont en leur possession et obtiennent le montant équivalent de leur acquis sur la nouvelle blockchain, et les deux blockchains continuent parallèlement l'une à l'autre en suivant des règles différentes.

Les soft forks sont utilisés pour mettre à jour les logiciels, sans entraver le bon fonctionnement de leur blockchain. Ils sont rétro-compatibles, et de ce fait, les nœuds qui ne mettront pas à jour leur logiciel reconnaîtront les nouveaux blocs créés avec la mise à jour. Les soft forks sont régulièrement utilisés sur les blockchains du bitcoin et d'ethereum pour mettre en place de nouvelles fonctionnalités.

Piratage

Comme dans toute technologie, le risque de piratage existe avec les cryptomonnaies.

En voici quelques exemples qui ont fait la une :

. En juillet 2017, un pirate est parvenu à dérober entre 7 et 10 millions de dollars (USD) en ether dans les toutes premières minutes de l'ICO en changeant la clé publique.

. En 2016, la plateforme Ethereum s'est fait attaquer par un pirate qui a exploité une faille dans le code source du smart contract pour en extraire 50 millions de dollars en ether (cours de l'époque).

. En 2014, l'équivalent de 450 000 bitcoins a été volé sur la plateforme Mt Gox, entraînant sa faillite. Il s'agit de l'échange le plus important de cryptomonnaie de l'époque.

L'avenir de la cryptomonnaie

Le gros point de discussion du futur des cryptodevises est la réglementation.

En raison des piratages, du fait qu'il soit plus facile de frauder et des constants changements des valeurs des différentes cryptodevises, la règlementation de la cryptomonnaie sera inévitable dans un avenir proche. En effet, tous les systèmes de paiement ont un système d'instance dirigeant, et afin de pouvoir mieux se développer et de devenir de plus en plus répandue pour rivaliser avec le système de monnaies traditionnelles, la crypto-monnaie devra être règlementée.

De nos jours, il existe quelques lois aux États-Unis et en Europe, et la Chine a déjà mis en place une règlementation pour contrôler l'activité de la cryp-tomonnaie. On dit que 2018 est l'année au cours de laquelle une réglementation plus appropriée sera mise en place.

Hormis cette question réglementaire, il est certain que l'utilisation et l'application des cryptodevises et des blockchains présentent une multitude d'avantages, tout comme leur emploi, qui ne fera qu'augmenter avec le temps.

Il existe à ce jour plus de 1 300 cryptodevises, dont les valeurs augmentent toujours plus. De même, le nombre d'ICOs effectué par des start-ups - tant sur blockchain que hors blockchain - augmente exponentiellement et de nouvelles applications apparaissent régulièrement.

Il reste encore aux blockchains et aux cryptodevises un long chemin à parcourirpour atteindre le quotidien du grand public.

Les réglementations,les développements financiers et technologiquesjoueront aussi leur rôle dans cette vision du futur des blockchains qui ne cesse de s'amplifier.

www.ingramcontent.com/pod-product-compliance
Lightning Source LLC
LaVergne TN
LVHW021210200726
843509LV00010B/898